_____ 님께

_____ 드림

커피와 행복나눔 시인 윤보영과
캘리그라퍼 정희애와 만남

커피는 사랑으로 다가서는 징검다리

시 윤보영

캘리그라퍼 정희애

일러스트 김정

커피와 행복나눔 시인 윤보영과 캘리그라퍼 정희애와 만남

초판 1쇄 발행 2016년 07월 31일

지은이_ 윤보영
캘리그라퍼_ 정희애
일러스트_ 김 정
펴낸이_ (주) 카드들 심재성
편집·제작_ (주) 북모아

출판등록번호_ 제25100-2016-000023
주소_ 서울 동작구 상도로 252 명승빌딩
전화_ 02)826-4868
팩스_ 02)826-4869
E-mail_ woodcard@naver.com
http://carddul.com

ISBN 979-11-958270-15   (03810)
값 9,800원

잘못된 책은 바꿔드리겠습니다.
저자와의 협의하에 인지는 붙이지 않았습니다.

이 도서의 국립중앙도서관 출판예정도서목록(CIP)은
서지정보유통지원시스템 홈페이지(http://seoji.nl.go.kr)와
국가자료공동목록시스템(http://www.nl.go.kr/kolisnet)에서
이용하실 수 있습니다. (CIP제어번호: CIP2016016787)

그리는 시간
다가서는 풍경으로

윤보영 尹普泳

- 대전일보 신춘문예(2009)동시당선
  한국동시문학회, 한국동요문화협회 회원
  중학교 국어교과서 '어쩌면 좋지' 수록
  초등학교 음악교과서 '예쁜 둘레길' 동요 수록
  2015년도 '영화관을 찾아온 시 4편' 중 '웃음비' 등 3편 선정
  전국 감성시 쓰기 공식 특강 중

- **시집**
  「소금별 초록별」
  「사기막골 이야기」
  「바람편에 보낸 안부」
  「그대가 있어 더 좋은 하루」
  「커피도 가끔은 사랑이 된다」
  「詩가 있는 마을」등 13권 발간

  신간-캘리시집
  「커피와 詩와 사랑 그리고...쓰다」
  「커피는 사랑으로 다가서는 핑계」

  윤보영 시인 팬카페「바람편에 보낸안부」
  주소 : http://cafe.daum.net/YUNBOYOUNG
  E-mail : quftldls@hanmail.net

프롤로그

언제부터인가 SNS상에 짧은 감성시를 올리면 그 시를 다시 예쁜 시화로 만들어 올리는 독자가 있었습니다. 읽기 쉬운 글씨체로 그림까지 넣어 만든 이 시화들은 독자들의 많은 사랑을 받았습니다.

이렇게 시화를 올려주던 독자 캘리그라퍼 정희애 작가님이 제 시로 시화집을 발간하게 되었습니다.

SNS상에서처럼 앞으로 이 시화집에 담긴 시들이 많은 독자들 마음을 울려 행복한 일상이 되리라 믿습니다. 저도 행복합니다.

문경읍 갈평리에서 윤보영

차례

커피는 사랑으로 다가서는 핑계	15
커피	16
그대가 오는 소리	17
마음의 홍수	18
옹달샘	19
사랑법칙	20
창문	21
그대를 위해	22
커피와 내 생각	23
커피향기	24
노을	25
사랑의 깊이	26
빈 엽서	27
행복창고	28
좋아하는 것	29
이해가 안된다	30
가슴에서 담아온 그리움	31
그리움이 자라는 언덕	32

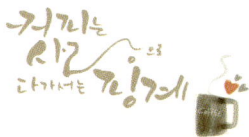

친구란	33
꽃이 좋은 이유	34
들꽃	35
꽃은	36
쉼터	37
별	38
당신별	39
아침	40
그리움을 잔에 담고	41
사랑채점	42
첫눈	43
사랑꽃 행복꽃	44
장미 앞에서	45
사랑섬	46
모순	47
그리움	48
맑은이유	49
내 사랑은	50

장담	51
얼굴하나	52
마음속에	53
시계	54
영원한 꽃	55
오실거죠	56
먼지	57
소중한 사람	58
행복한 아침	59
생일	60
선물	61
단추	62
이슬같은 사랑	63
달과 창문	64
마음에 적은 편지	65
당신생각으로	66
너에게 주고싶은 선물	67
선물포장	68

사랑길	69
두개의 발자국	70
행복커피	71
꽃구경	72
꽃이 왔다	73
사랑과 그리움	74
비	75
봄	76
사랑이란	77
커피를 마실때는	78
어떻게 하면 좋지	79
반달	80
그리움 밟고 걷는 길	81
초대	82
찻잔	83
흔적	85

일도 없으면서
"내일 근처 가는데
거기 마실래?"

커피는
사로 으로   희애
다가서는 핑계

- 〈커피도 가끔은 사랑이 된다〉

내 가슴에
귀를 대 봐요
그대 오는 소리 들려요
꽃 피듯 다가와
그리움으로 피는
그대

〈그대가 오는 소리〉

비오는 날에는
차 한잔에도
홍수가 집니다
보고 싶은 마음에

〈마음의 홍수〉

옹달샘

추억은 아
그리움이 솟아나는
샘인가봅니다
그대는 그 샘물을
떠서
마시는 주인이고

사랑법칙

열매를
하늘로 던지면
땅에 떨어지고
싹을 틔워
나무로 자라고
그대생각을
하늘로 던지면
가슴에 떨어지고
싹을 틔워
사랑으로 자라고

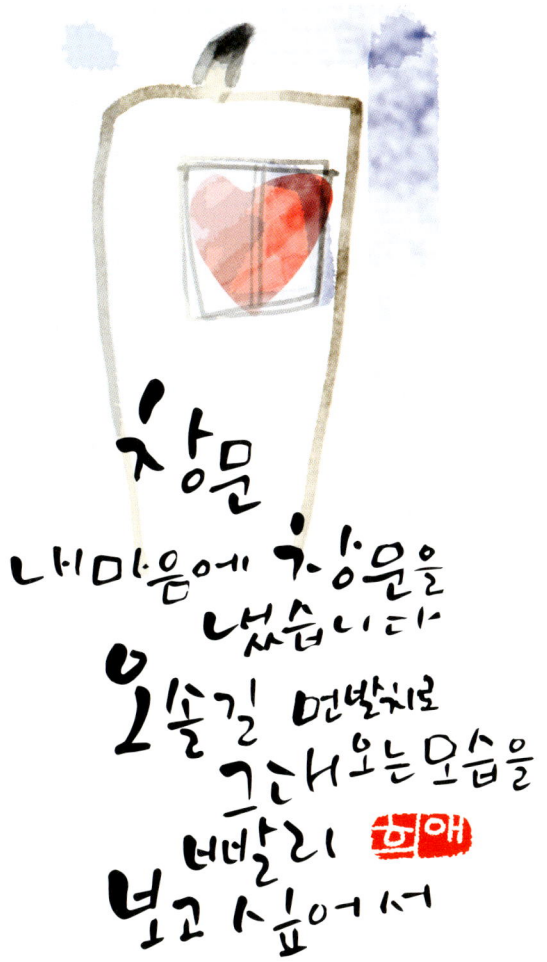

창문
내 마음에 창문을
냈습니다
오솔길 언발치로
건너오는 모습을
빨리
보고 싶어서

힘들지?
내어깨에 기대어 볼래?
내가 언덕이
되어 줄께
언덕에 나무 한그루 심고
그늘까지 주고 싶어

〈그대를 위해〉

그대 마시는 커피에
내 생각을 넣어주면
쓸까, 달까
쓰면
부담을 덜어내고
달면 내 잔에도
그대 생각을 넣어달라 하고

〈커피와 내 생각〉

커피를 마시려다
깜짝 놀랐어
마치 네 생각할때처럼
향기가 아주 좋은 거 있지
이 순간
네가 있었으면
얼마나 좋겠니

<커피향기>

나는 아직
내 가슴을 태우던
노을을 기억합니다
그대 마음에서
옮겨붙어 타들어가던

-「노을」, 윤보영 -

사랑의 깊이가 궁금하여
마음의 돌을 던진적이
있었죠 헤애
지금도 그대생각만하면
가슴이 뛰는걸 보니
그돌 아직도 내려가고
있나 봅니다

〈사랑의 깊이〉

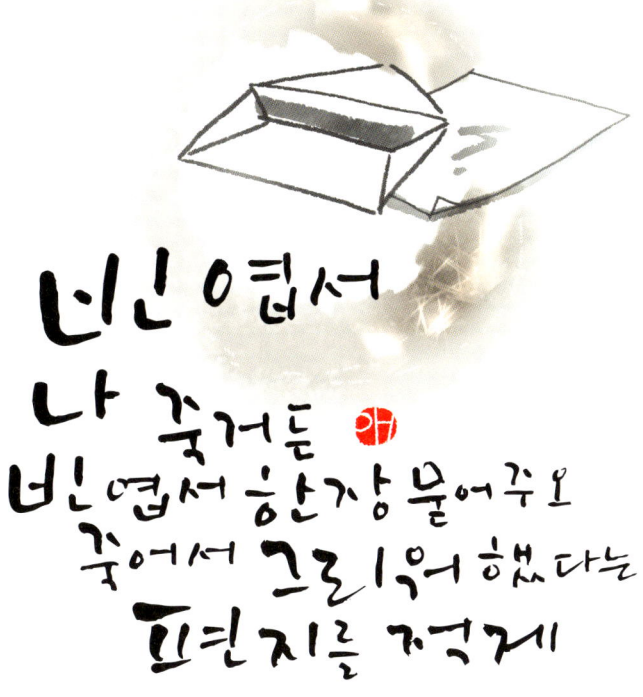

빈 엽서

나 죽거든
빈엽서 한장 물어주오
죽어서 그리워 했다는
편지를 적게

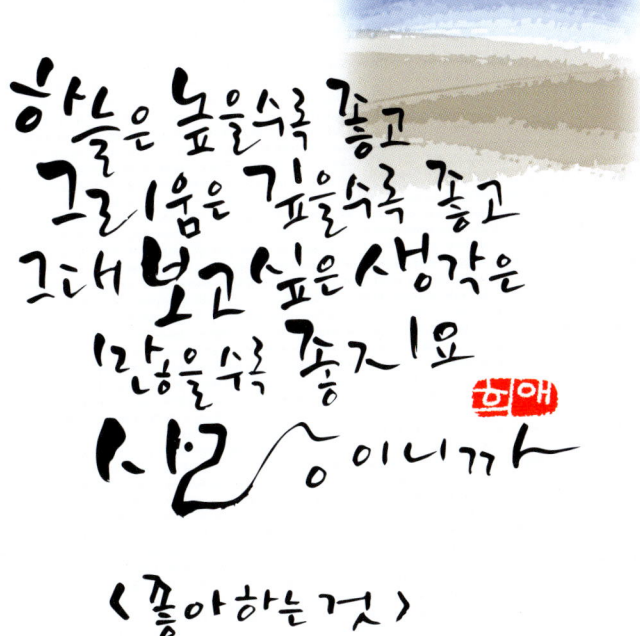

하늘은 높을수록 좋고
그리움은 깊을수록 좋고
그대 보고싶은 생각은
많을수록 좋지요
사랑이니까

〈좋아하는 것〉

좋아하는
너에게
사랑한다는
말도 못하고
계속 좋아만 하고
있는것

〈이해가 안된다〉

가슴에서 담아온
그리움을
커피잔에
넣었더니
나뭇가지 끝에서
내려온
가을이 담긴다

나무를 심었다
비가 내렸다
비가 그친 자리에
그대생각을
심었다

-〈그리움이 자라는 언덕〉

별로 보이다가
달로 보이고
어두운 하늘에
꽃으로 보이는 것
하지만 그 하늘
내 가슴에 있는 것

(친구란)

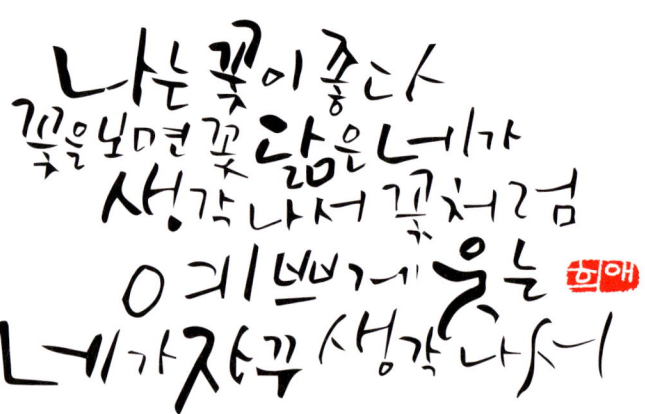

나는 꽃이 좋다
꽃을 보면 꽃 닮은 네가
생각나서 꽃처럼
예쁘게 웃는
네가 자꾸 생각나서

〈꽃이 좋은 이유〉 -윤보영-

마음이 아름다운 꽃은
보았지마란
생각까지 아름다운 꽃은
처음입니다
송이송이 지는 가슴에
다가와
그리움으로 피는 그대

〈들꽃〉 -윤보영-

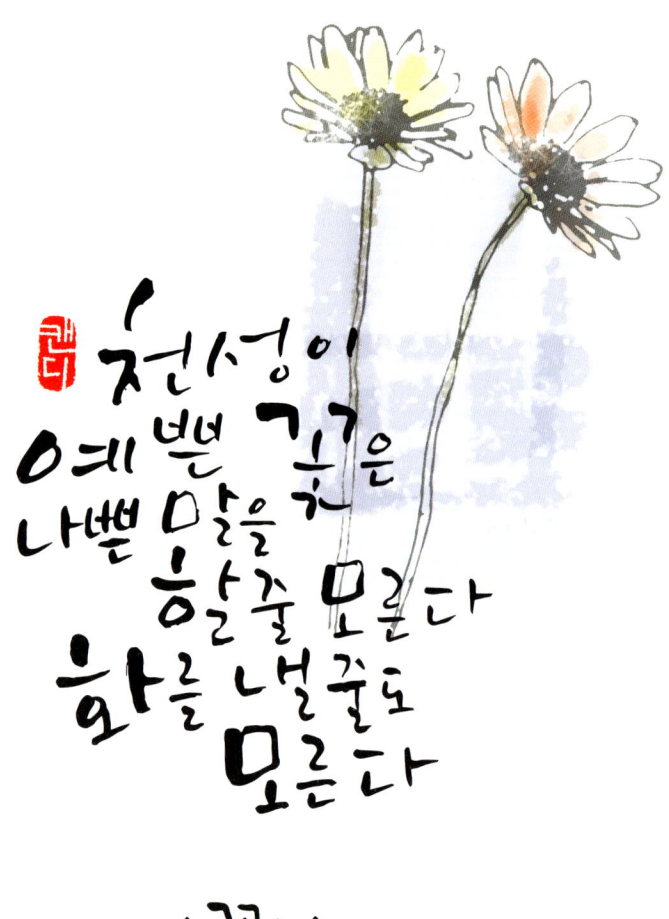

천성이
예쁜 꽃은
나쁜 말을
할줄 모른다
화를 낼줄도
모른다

〈꽃은〉

쉼터

내 마음에
정자 하나를
만들었습니다
구름도 쉬어가고
바람도 쉬어가고
하지만
정말 쉬어가게
하고 싶은건
그대입니다

당신별

까만하늘에
수많은 별들이
반짝반짝
그중에
가장 큰 별 하나

…

당신아 별
눈빛이 만든
별의에서도
국 향기가 납니다

메아리로
다가는
행복이
가슴에 울리는
아침

새아리로
다가온 그리움이
가슴 울리는 아침
내 따뜻한 현애
그리움

-〈그리움을 잔에 담고〉

100 ♡♡

눈을 보며
내 생각 났다면
우리사랑
200점!
내가 100점
그대가
100점

〈사랑채점〉

[희애]

내 안에 머무는
네가 꽃이다
세상에서
가장 아름다운 꽃

<사랑꽃 행복꽃>

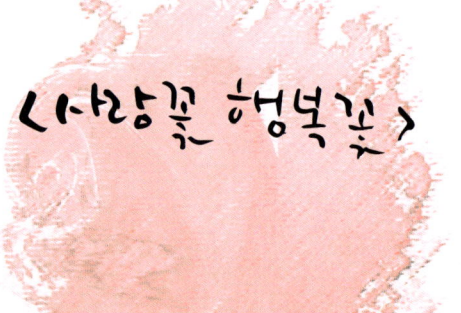

누가
당신 좋아하는
내 마음을
여기다 프릴쳐
놓았지?

〈장미앞에서〉

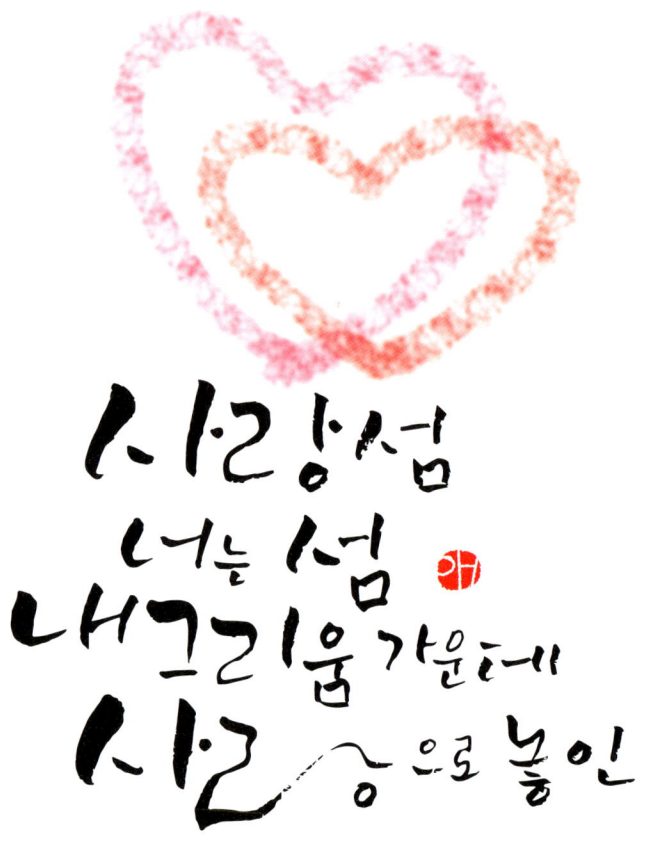

사랑섬
너는 섬
내 그리움 가운데
사랑으로 놓인

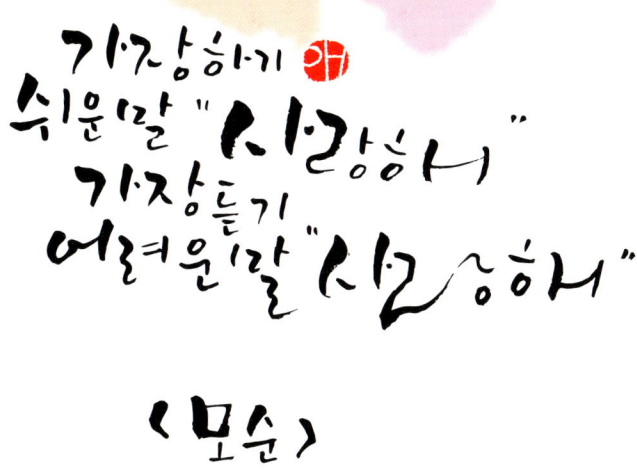

가장하기 쉬운말 "사랑해"
가장듣기 어려운말 "사랑해"

〈모순〉

오늘은
더 그리울 각오하고
커피에
네 생각을 넣었다
역시
더
그립다

〈그리움〉

하늘은
깊어서 맑고
거기끼는
진해서 맑고

〈맑은 이유〉

내사랑은
커피한잔을
마셔도
먼저 생각나는
너!

〈내사랑은〉

장담코
당신생각
한트럭 보내봐라
내가 맞다고 하나

형빈 하늘에
빨간 네 얼굴 하나
떠 있다
그립다
커피 한 잔 마셔야겠다

〈얼굴 하나〉

마음속에
나를 봐요
보이지 않지요
그래요 나는 늘
그대
마음속에
있으니까

시계

시계는 쉬지 않는 것이
쉬는 것이다
휴일에도 찾아오는
그대생각처럼
내 그리움처럼...

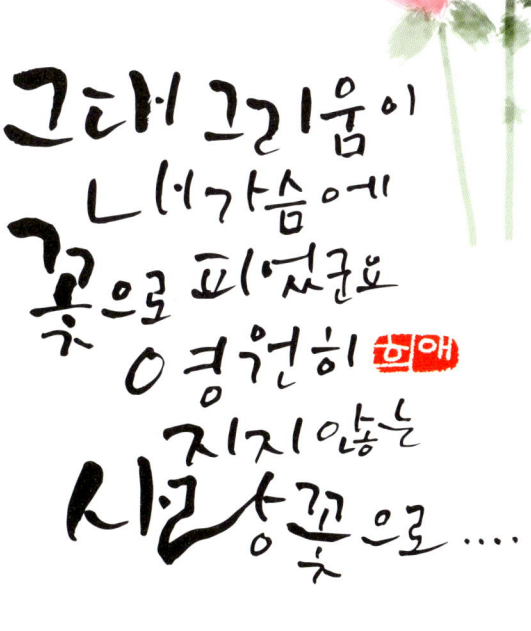

그대 그리움이
내 가슴에
꽃으로 피었군요
영원히 희애
지지 않는
시들 꽃으로....

〈영원한 꽃〉

오실거죠

비가오네요
오늘 오실거죠
내안에 우산도없이
기다리고 있는데~

먼지
너도 나처럼
그리운가 보구나
창틀에 앉아
쏟아지는 비를 보고
있는 걸 보면

언제부터인가
그대는
내 하루를 여는
소중한 열쇠가
되었습니다

〈소중한 사람〉

아침햇살이
가슴에 들어와
당신이름을 적고
갔습니다
나는 그 아래
"사랑해"라고
적었습니다

〈행복한 아침〉

꽃을 주는 나에게
사랑한다고 하는 말
그게 받고 싶은 꽃이다

「생일」

자 받아
사랑이야
안에
행복 들었어

〈선물〉

단추를 달다가
무슨 생각을 했는지 알아?
단추가 그대였다면
내 마음에 달았을텐데...

- 단추 -

내 사랑은
깨끗한 사랑
맑은 사랑
산소 같은 사랑
이슬 같은 사랑
이슬 같은 사랑에
동그라미를 쳤다
그대 생각이
내 안을
늘 촉촉하게
적셔주고 있는

그대가
달이라면
내마음은 창문입니다
뚫어지게
바라보다 눈이 굳어
앞만 볼수있게 된!

〈달과 창문〉

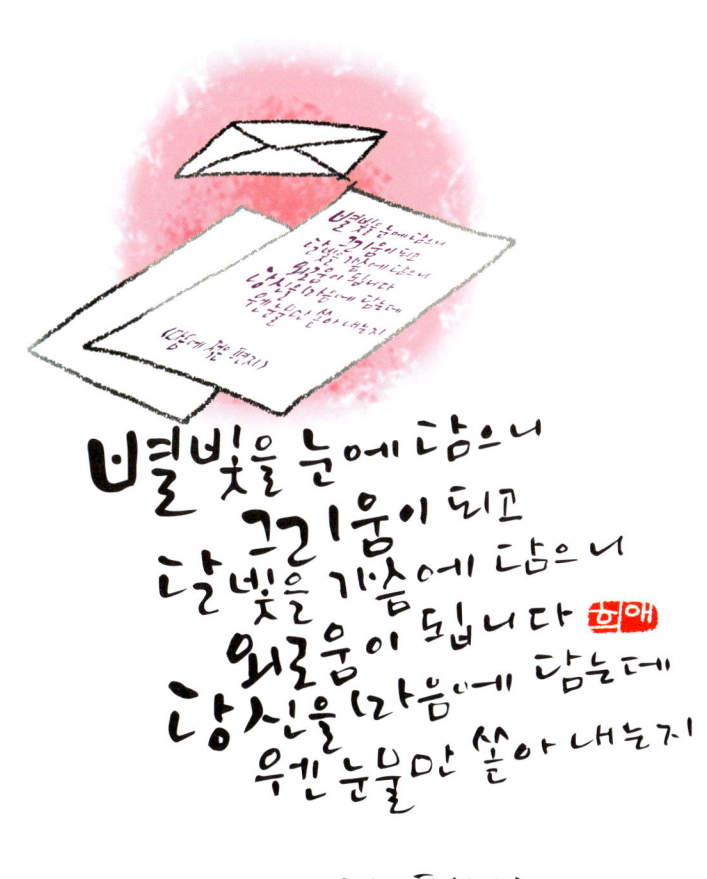

별빛을 눈에 담으니
그리움이 되고
달빛을 가슴에 담으니
외로움이 됩니다
당신을 마음에 담는데
왠 눈물만 쏟아 내는지

〈마음에 적은 편지〉

|당신생각을|

창밖에는
비가 내려
땅이 젖지만
내 안에는
당신생각으로
마음이 젖습니다

선물

보고싶다
기분좋다
행복하다
네가
나에게 준 선물
나도 너에게
주고싶은 선물

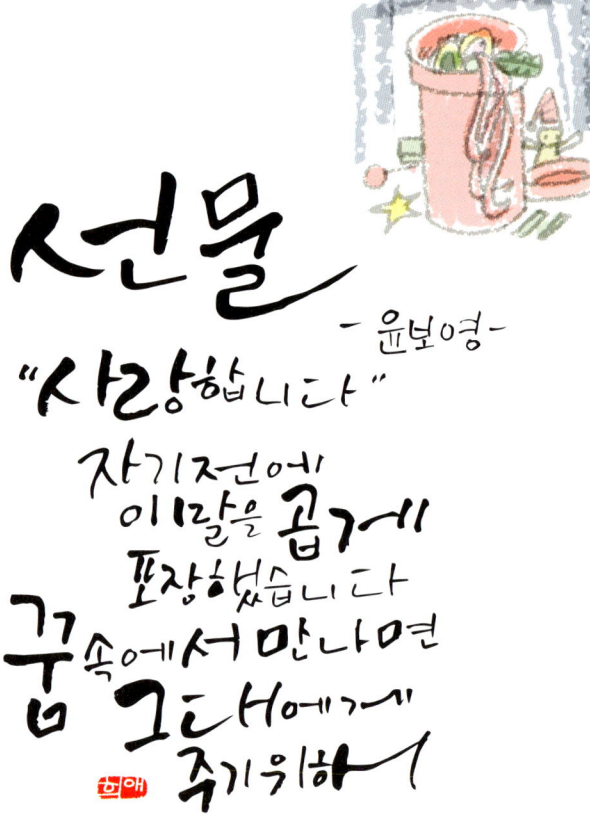

선물
— 윤보영 —

"사랑합니다"
자기 전에
이 말을 곱게
포장했습니다
꿈 속에서 만나면
그대에게
주기 위해

내가슴으로 난 길
내길이지만
내가 알수없는 길
내안으로
그대찾아가는 길

〈사랑길〉

두개의 발자국

커피잔에 찍힌
두개의 발자국!
내일의 그대에게
오고간 발자국!

혼자 마시는 커피는
그리움
너와 나
둘이 마시는 커피는
사랑
너와 나
그리고 우리사랑
셋이 마시는 커피는
행복

〈행복커피〉

오늘 당신이
꽃구경 간다고 해서
내가 꽃이 되기로 했다
날 실컷 보고 오게
웃는 꽃이 되기로 했다

〈꽃구경〉

꽃이 왔다
행복을 담겠다며
줄 서서
짓아왔다

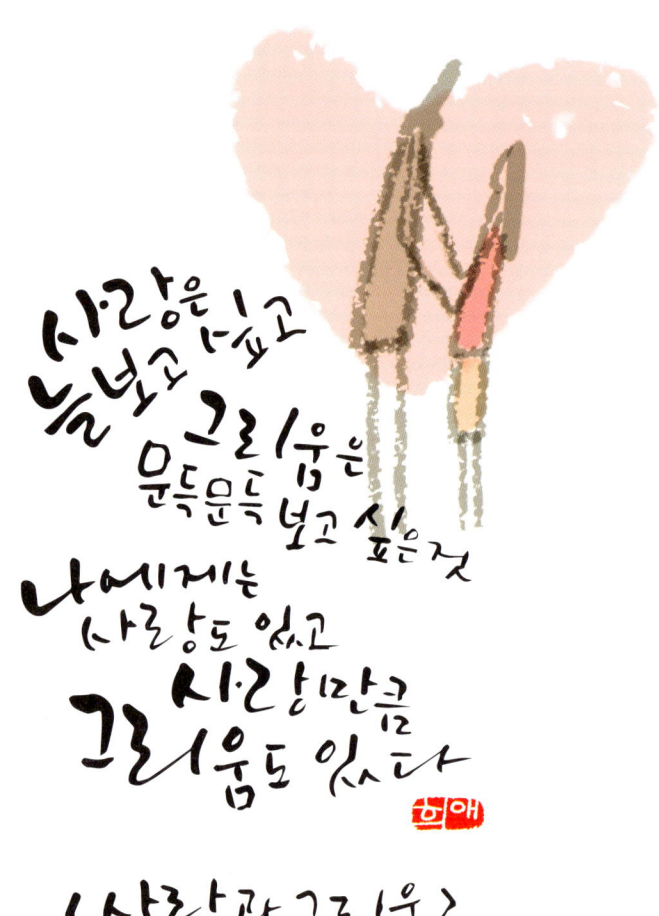

사랑은 늘 보고 싶고
그리움은 문득문득 보고 싶은 것
나에게는 사랑도 있고
사랑만큼 그리움도 있다

〈사랑과 그리움〉

비가오면
우산으로 그리움을
가리고
바람불때면
가슴으로 당신을
덮습니다

〈비〉

봄 봄 봄
우연히 찾아왔다가
내 안에 꽃을 피운 봄
뿌리까지
내리겠다는 봄

〈봄〉

커피를
너무 서둘러
마시면 안된다
사랑 같아서

커피를
너무 천천히
마셔도 안된다
그리움과 달리

〈커피를 마실때는〉

커피 전문점에 왔어
좋은 커피는 향이 먼저 잡아
커피가 나왔어
그런데 향은 간데없고
네 생각만 가득하네
어떻게 하면 좋지

〈어떻게 하면 좋지〉

온전한 달이
반쪽만 보이는것은
나머지반을
그대가 보고 있기
때문일거야

〈반달〉

사랑이란
그냥 오는게 아닙니다
소중한 인연을
자주 매만지다
보면
사랑이 됩니다

〈그리움 밟고 걷는 길〉

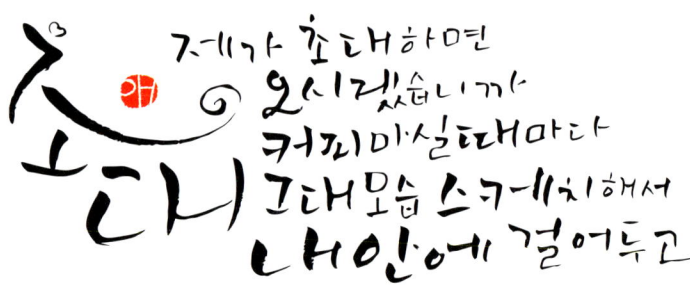

초대 제가 초대하면
오시겠습니까
커피마실때마다
그대모습 스케치해서
내안에 걸어두고

찻잔위에
어리는 얼굴
미소짓는 당신입니다
흔들리면 지워질까
살며시 내려 놓습니다

〈찻잔〉

흔적

들꽃의 머뭇힌 이슬은
밤별의 흔적이고
꽃잎에 배인 향기는
햇살의 흔적입니다
내 안에 가득 담긴
그리움은 당신의 흔적이고

에필로그1

처음 캘리그라피를 시작하게 된 계기는 제가 좋아하는 윤보영 선생님의 시를 하이얀 종이에 이쁘게 적어 보고 싶었서였습니다. 캘리그라피는 마음을 다하여 정성스럽게 자신만의 감성을 담아, 마음으로 써서 아름답게 표현하는 것이니 만큼 특별한 형식의 틀은 없습니다.

나 자신이 글을 읽고 느낀 것을 글씨에 담아내는 일이 그리 쉽지만은 않지만 캘리그라피를 시작하게 된 동기인 윤보영 선생님의 시를 통해 표현할수 있어 너무나 행복하였고, 작품을 표현 할 수 있게 허락하여 주신 윤보영선생님께 이 자리를 빌려 감사하다는 말을 전하여 드리고, 그 기회를 제공해 주신 카드들에 고마움을 표합니다.

그리고 부족한 저의 글씨를 더 아름답게 일러스트 작업을 해 주신 김정 선생님께 존경과 감사를 드립니다.

이 글을 접하시는 모든 분들에게 좋은 날이 함께하기를...

부산에서 정희애

현) 수필을 통한 캘리그라피작가로 활동
현) 캘리야놀자 밴드 리더
현) 아르헨티나 탱고 강사 – 문탠로드말롱가 탱고 동호회 운영

밴드ro "나만의 캘리그라피" 공모전에서 우수상
제34회 2016예술대제전 캘리그라피 부문 특선, 입선
붓놀이야 캘리그라피 공모전에서 차하 당선
수필과 캘리가 하나 되어 카카오스토리 운영

에필로그 2

오래된 인연, 묻어두었던 그리움을 꺼내어보며 이 한 권의 시집을 선물하고픈 사람이 생각납니다. 한 편, 한 편의 시를 음미하며 내 감성이 치유됨을 맛봅니다.

들꽃 한 송이, 작은 돌부리, 창문에 붙어 있는 먼지 같은 작은 사물 하나하나와 매일 마시는 커피 같은 일상들에 감성을 담아 탄생한 이 詩들은 지금 사랑을 하고 있는 사람들에게 소중한 인연들을 잘 매만져 가꾸어 줄 좋은 선물입니다.

캘리시집 「커피는 사랑으로 다가서는 핑계」는 두 세 줄의 짧은 시들이지만 오랜 추억의 사랑들을 꺼내어 볼 수 있는 윤보영 시인의 혼이 담긴 편지입니다.

바쁜 일상가운데서도 많이 사랑하시고 그리워 하십시오. 그리고 먼 훗날 그리했던 사랑 꺼내어서 행복한 그리움을 피워보십시오.

펴낸이 남제성